Cómo viven y los animales

por Tristan F. Nicholas

¿Qué ayuda a los animales a vivir en sus hábitats?

Las partes del cuerpo ayudan a los animales a vivir en sus hábitats. Algunos viven en hábitats fríos. El pelaje los ayuda a guardar el calor del cuerpo.

La vida en el mar

Las conchas protegen a algunos animales.

Otros animales tienen **antenas.** Las antenas les sirven para tocar y sentir.

Con las antenas también pueden oler y gustar algo.

antenas

¿Cómo obtienen alimento los animales?

Los animales obtienen alimento con las partes del cuerpo.

Las aves usan el pico para comer.

Los dromedarios guardan grasa en sus jorobas.

Esa grasa les sirve de alimento.

Otras maneras en que los animales obtienen alimento

Los leones tienen patas fuertes.

Los leones corren rápido.

Así pueden atrapar su alimento.

¿Cómo se protegen los animales?

El **camuflaje** hace difícil ver una planta o un animal.

Un color o una forma puede ser camuflaje.

Los seres vivos se protegen con camuflaje.

Esconderse en el agua

El cocodrilo vive en el agua.

Pero saca los ojos fuera del agua.

Los otros animales no lo ven.

Los animales avisan de los peligros

Los animales se ayudan y se cuidan.
El venado levanta la cola cuando hay peligro.
Otros venados ven la cola levantada.
Corren y se alejan del peligro.

El pavo real hace un sonido fuerte.
Otros pavos reales se esconden
del peligro.

¿Cuáles son las partes de una planta?

Las partes de las plantas las ayudan a vivir.

Por las **raíces** toman agua.

Las raíces mantienen la planta en el suelo.

raíces

La **hoja** hace el alimento de la planta.

La **flor** hace las semillas.

El **tallo** lleva el agua a la planta.

tallo

hoja

flor

Plantas en diferentes hábitats

Las plantas crecen en muchos hábitats.

Algunas plantas tienen hojas.

Hay hojas de muchos tamaños.

Hay hojas de muchas formas.

A veces las hojas son espinas.
A veces las hojas parecen agujas largas.

¿Cómo se protegen las plantas?

Las espinas alejan a los animales. Las espinas protegen a algunas plantas.

Otras plantas usan camuflaje. El camuflaje hace difícil ver una planta.

espina

Las plantas y los animales viven en muchos hábitats.
Tienen partes que los ayudan a vivir.
Las plantas y los animales se ayudan unos a otros.

plantas de piedra

Glosario

antenas partes del cuerpo de algunos animales que les sirven para tocar, oler y gustar algo

camuflaje color o forma que hace que un animal o planta sea difícil de ver

flor la parte de la planta que hace las semillas

hoja la parte de la planta que hace alimento para la planta

raíz la parte de la planta que toma el agua y mantiene la planta en el suelo

tallo la parte de la planta que lleva el agua hasta las otras partes